FAITS

RELATIFS AUX TROUBLES

DE SAINT-DOMINGUE.

FAITS

RELATIFS AUX TROUBLES

DE SAINT-DOMINGUE,

Présentés au comité colonial, en vertu d'un décret de l'assemblée nationale, par M. BORÉ, citoyen et planteur de Saint-Domingue.

MESSIEURS,

RENVOYÉ par l'assemblée nationale aux comité colonial et de secours, pour leur faire connoître les détails de mes malheurs et tout ce que je sais des troubles de Saint-Domingue, je vais remplir cette tâche avec toute la franchise d'un homme droit qui n'a jamais voulu que la tranquillité et le bonheur de ses concitoyens. Né dans les environs de Xaintes, je passai dans les colonies en 1763; j'étois alors âgé d'environ onze ans. J'avois, dans ce long espace de temps, acquis, à l'aide de mes travaux et de mon économie, une petite habitation que vingt-un esclaves, à moi, cultivoient. Cette petite fortune suffisoit à mon ambition; elle me donnoit environ 10 mille livres de revenu, que je pouvois facilement doubler en augmentant mes plantations.

J'étois arrivé à ce point de ma vie, lorsque les premières nouvelles de notre révolution parvinrent à Saint-Domingue : je ne devois pas craindre qn'elle pût me devenir funeste. Né en France, dans cette classe si foulée par les privilégiés, et classé ensuite, par l'opinion qui règne à Saint-Domingue, au-dessous de ces colons orgueilleux qui ne comptent les hommes pour quelque chose dans la société que quand ils ont de grandes plantations et affichent un luxe ruineux, je ne pus voir qu'avec plaisir notre révolution, parce que, ne changeant rien à ma fortune, elle alloit détruire toutes les distinctions humiliantes; mais il n'en fut pas de même de beaucoup de colons orgueilleux, intrigans et perdus de dettes. Les orgueilleux, pour qui l'égalité est le plus grand des supplices, firent tous leurs efforts pour empêcher cette égalité des droits ; les intrigans remuèrent tout pour tout brouiller, afin de trouver des places pour eux après un grand bouleversement ; les colons perdus de dettes cherchèrent à s'en acquitter, soit en proposant de se rendre indépendans de la France, soit en se donnant à une puissance étrangère.

Pour parvenir à leurs desseins, les uns et les autres faisoient répandre les écrits les plus perfides dans la colonie, pour échauffer tous les esprits, même les plus tranquilles ; et tous ces écrits, connus seulement depuis la révolution, et qu'on disoit venir de France, annonçoient que l'assemblée nationale vouloit et alloit affranchir subitement nos esclaves, et nous réduire par là à la plus affreuse misère ; d'autres annonçoient qu'une société d'hommes en France, désignée sous le nom des *amis des noirs*, envoyoit sans cesse dans les colonies des émissaires porter des armes à nos esclaves, et même leur prêter la main pour nous égorger tous ; d'autres disoient que les hommes de couleur avoient aussi des projets perfides contre les blancs, et ne vouloient rien moins que les chasser tous de la colonie, pour en demeurer seuls les maîtres. Lorsque tous ces écrits eurent produit les effets qu'on en attendoit, et que tous les esprits furent agités, ils craignirent des malheurs imaginaires. On parla alors ouvertement et sans déguisement de se rendre indépendans, comme l'avoient fait les Américains du nord, afin d'éviter, disoit-on, tous les malheurs dont nous étions menacés, mais pour résister aux forces qu'on auroit pu opposer dans les colonies. A ces projets d'indépendance, on imagina de prendre à la solde de la colonie tous les blancs vagabonds, et d'en former des troupes sous le nom de troupes patriotiques. Ces troupes, dont les chefs étoient tous des hommes tarés, étoient payées fort chèrement par les habitans paisibles que l'on contraignoit à payer des taxes exorbitantes (1), sans compter les animaux qui leur étoient enlevés pour la subsistance de ces troupes soit-disant patriotiques, qui cependant n'étoient rien moins qu'une troupe de brigands

____

(1) Moi, petit habitant et n'ayant que vingt-un esclaves, j'étois taxé à une somme de 2,000 liv.

qui ont fait à la colonie des maux bien réels, sous le prétexte d'en éviter.

On ouvrit par le fait tous les ports aux étrangers. Les Anglois étoient accueillis dans tous, et le commerce interlope se fit aussi ouvertement que le commerce national. Ce commerce interlope, qui procuroit des objets, tels que les noirs, à meilleur marché, rendit les échanges de la colonie très-avantageux; et les hommes égoïstes qui voyoient dans cet ordre de choses un avantage et une facilité pour augmenter leur fortune, n'eurent pas de peine à goûter le projet de se donner à une nation qui sembloit devoir les enrichir, et un grand parti se forma dans la colonie, qui vouloit se donner aux Anglois.

Cependant rien n'existoit qui pût faire craindre ce qu'on avoit cherché à répandre par les écrits incendiaires sur le soulèvement des esclaves, et sur le projet des hommes de couleur. J'atteste ici, et je le garantis sur ma tête, que les esclaves n'ont fait aucune espèce de mouvement qui pût donner les plus légères craintes avant la catastrophe du 23 septembre, au Cap, et que les hommes de couleur, plus vexés que jamais dans toute la colonie par ces troupes de brigands, ont soufferts avec patience et résignation jusqu'au moment où leur vie et leurs fortunes ont été attaquées. Alors, pour la première fois seulement, ils se sont armés et assemblés dans un camp dans la partie du sud. Je vais ici raconter un fait qui prouvera qu'ils n'avoient d'autres intentions que de défendre leur vie menacée de tous les côtés.

Aussitôt qu'on fut aux Cayes, que les citoyens de couleur étoient assemblés en armes, on força tous les blancs de marcher contre eux, et nous y fûmes au nombre de plus de trois cents, avec du canon. Nous tirâmes sur leur camp pendant plus de quatre heures, sans leur tuer un seul homme; et eux, comme pour nous montrer qu'ils n'en vouloient point à nos vies, et que cependant ils pouvoient nous détruire, ne tirèrent que quatre coups, mais qui portèrent tous. Un de nous fut tué et trois de blessés. Je fus du nombre de ces derniers. Alors la frayeur s'empara de tous les blancs; ils se mirent à fuir, et ils abandonnèrent leurs canons et leurs blessés, que les hommes de couleur vinrent relever pour les faire panser par un chirurgien blanc qu'ils avoient fait prisonnier. Les citoyens de couleur, après avoir répandu cette terreur, pouvoient, s'ils eussent eu de mauvais desseins, les exécuter; rien n'eût pû s'y opposer; mais ils réstèrent paisiblement dans leur camp.

L'armée des blancs rentra épouvantée aux Cayes, et répandit dans la ville que les hommes de couleur ravageoient tout. La municipalité écrivit de suite au Port-au-Prince pour y demander des troupes de ligne pour venir les secourir. M. Mauduit arrive par mer avec 150 hommes et du canon. Il est instruit aux Cayes, par de bons citoyens, de la vérité des faits. Il va, lui quatrième, au camp des citoyens de couleur. A sa première réquisition, au nom de la loi, ils mettent bas les armes, et protestent qu'ils ne les ont prises que pour garantir leur vie menacée. M. Mauduit leur promet sûreté, et tout rentre dans l'ordre. Quelques jours après, M. Mauduit leur fait rendre leurs armes et repart pour le Port-au-Prince, emmenant avec lui les chefs des hommes de couleur et quelques blancs, pour les remettre dans les prisons du Port-au-Prince.

Cette expédition de M. Mauduit déplut

aux brigands , qui vouloient qu'il eût fait égorger tous les hommes de couleur; aussi ne lui pardonnèrent - ils pas , et voilà ce qui l'a conduit à cette mort si atroce. Le parti de l'assemblée de Saint - Marc qui vouloit l'indépendance , ne lui pardonna pas non plus d'avoir appaisé les troubles du sud , et d'avoir rendu aux hommes de couleur leurs armes , parce qu'ils pressentirent que M. Mauduit pourroit s'en servir pour réprimer les factieux lorsqu'il seroit nécessaire , comme il l'avoit déjà fait , pour arrêter les progrès qu'avoit fait l'assemblée de Saint-Marc et ses partisans vers l'indépendance. Vous savez , messieurs , comment, ayant égaré le régiment du Port-au-Prince , à l'aide d'un prétendu décret de l'assemblée nationale , qui blâmoit le régiment, ainsi que son colonel, pour avoir dissout l'assemblée de Saint-Marc ; vous savez , dis-je , comment ce colonel fut lâchement assassiné , et les horreurs que l'on commit sur son cadavre.

Après la mort de M. Mauduit , ces troupes de brigands , dont on avoit formé des compagnies , n'eurent plus aucun frein ; elles se permirent toutes sortes de brigandages. Incitées par des intrigans , autorisées par

le silence des municipalités qu'elles avoient
créées, elles ne parloient que d'égorger tous
les hommes de couleur, et de s'approprier
et se partager leurs fortunes ; elles propo-
soient même de les rendre esclaves. Ces troupes, devenues maîtresses de la colonie, faisoient plier à leurs volontés les municipalités
des lieues où elles étoient, et les mal-intentionnés, en tolérant leurs brigandages, les
dirigeoient pour seconder, les uns leurs vues
d'indépendances, et les autres leurs projets
de se donner aux Anglois, et la colonie étoit
livrée à des factions et à des troubles qui faisoient craindre aux bons citoyens (qui ne
pouvoient même en témoigner leurs craintes)
que la colonie ne fût perdue.

Dans ces circonstances malheureuses, on
faisoit circuler des lettres dans la colonie,
par lesquelles on invitoit tous les habitans
à se donner aux Anglois. Ces lettres n'étoient
pas montrées aux petits habitans blancs, ni
aux hommes de couleur, parce qu'on sa-
voit qu'ils s'y seroient opposés de toutes leurs
forces ; mais la vigilance de ces derniers leur
ayant fait saisir, dans le quartier de Nipes,
une de ces lettres que j'ai vue, ils prirent
les armes tout de suite, et invitèrent tous

leurs frères de la colonie à en faire autant pour s'opposer à ce projet perfide. Ils écrivirent à M. Blanchelande, pour le prévenir de ce qu'ils venoient de découvrir. Enfin les bons citoyens blancs voyant cette conduite vigoureuse des hommes de couleur, et appréhendant l'exécution du projet dont la colonie étoit menacée, et craignant encore que la révolte des esclaves ne fît des progrès, songèrent à s'unir avec les hommes de couleur pour faire face à tout, et ils passèrent le concordat du 11 septembre.

Mais comme ce concordat déjouoit tous les projets perfides des mal-intentionnés, ils voulurent en rendre les effets nuls en soufflant à leurs troupes de brigands de s'y opposer. En effet, messieurs, il n'y a que des hommes sans propriétés, des intrigans ou des gens perdus de dette, qui ayent voulu s'opposer à ce concordat qui, s'il eût été exécuté de bonne foi, eût rendu le calme dans la colonie. C'est par un de ces hommes, M. Gazan, que j'ai été la victime de mon zèle pour faire ratifier aux Cayes ce concordat qui l'étoit déjà par-tout, et dont on sentoit déjà le bon effet.

Vous avez vu, messieurs, par ma pétition,

que c'est par l'ordre de ce M. Gazan, exécuté par lui-même, avec quatre des brigands
de sa troupe, que j'ai été enlevé de mon habitation, mis quatre heures en prison, au
secret, conduit de là à bord d'un navire, avec
les fers, pour être conduit en France.

C'est ainsi, messieurs, par des actes aussi
violens qu'arbitraires, qu'agissoient ces brigands et leurs chefs, dans toutes les occa-
sions où ils étoient contrariés dans leurs
projets perfides.

C'est ainsi qu'avant la ratification du concordat dans ma paroisse, des brigands vouloient aller enlever le gouvernail de deux
navires nantois, en rade à la baye des Fla-
mands, et piller ensuite leur cargaison, parce
que quelqu'un de l'équipage avoit dit que le
décret du 15 mai étoit juste, et qu'il alloit
donner la paix dans la colonie, en réunis-
sant les bons citoyens blancs aux citoyens
de couleur, et qu'unis ensemble, ils s'oppo-
seroient avec succès aux projets des factieux
et au brigandage de ces troupes soi-disant
patriotiques. Les capitaines de ces navires,
avertis, furent obligés de mettre à la voile
promptement, et de partir sans expéditions.
Les brigands, fâchés d'avoir manqué leur

proie , voulurent forcer le capitaine d'une
frégate d'aller à leur poursuite ; mais le
capitaine s'en excusa , en leur faisant obser-
ver qu'avant qu'il eût agréé sa frégate , les
navires seroient trop loin pour pouvoir les
joindre. Voilà, Messieurs , des faits dont j'ai
été témoin ; voilà , messieurs , des vérités
qui doivent vous faire connoître l'esprit qui
règne dans les colonies , et comment on est
parvenu à bouleverser et à y semer tous les
troubles qui la déchirent.

Je dois ajouter ici un fait dont je garantis
la vérité , sur lequel je laisserai à votre sa-
gacité à chercher les causes, et sur lequel
je ne me permettrai aucun commentaire.

Quelques temps après la révolte des esclaves et les différens messages de l'assemblée
coloniale à la Jamaïque, il parut une lettre im-
primée , ayant pour titre, *réponse du gouverneur de la Jamaïque à M. de Blanchelande.*
Par cette lettre, le gouverneur anglois parois-
soit fatigué de la correspondance de M. Blanchelande et de toutes les flagorneries qu'il
lui prodiguoit; il le prioit de ne plus lui écrire
sur un sujet sur lequel lui gouverneur ne
pouvoit rien prononcer ; que le roi de la
Grande-Bretagne seul pouvoit le faire.

J'observe qu'il est à ma connoissance que, depuis dix - huit mois, il est passé à Saint-Domingue, dans la partie du sud seulement, plus de 3,000 blancs, mauvais sujets, et que c'est avec ces blancs vagabonds, qu'on payoit 8 liv. 5 sols par jour, que les factieux faisoient faire tout ce qu'ils vouloient.

DE L'IMPRIMERIE DU PATRIOTE FRANÇOIS,
Place du Théâtre Italien, 1792.